Amo a Ideia de Ti

João Raphaël

Copyright © 2014 João Raphaël

Todos os direitos reservados.

ISBN: 9892046250
ISBN-13: 978-989-20-4625-9

Celeste
e João

Companheiros de todas as jornadas

Índice

PARTE 1	1
Amo a ideia de ti	2
Esquecimento Divino	3
Recomeço	4
Rosas vermelhas com espinhos	5
Mundo virtual	6
Luz	7
Ilumina o meu caminho	8
Existem	9
Sonhos	10
Teu sorriso	11
O que me dizes sem falar	12
E eu…	13
Poema para ti	14
Minha mente	15
Persistência	16
Barquinho de papel	17
Conversa	18
Crisálida	19
Não esperes	20
Desejo de ti	21
Lágrima	22
Sinos	23
Polos opostos	24
Sombra	25
Espera	26
Sem ti na minha alma	27
Fim…	28
Dor maior	29
O impossível	30
Inocência	31
Mais tempo	32
Sentir	33
Crisálida fechada	34
O ser feminino!	35
Castelos na areia	36
Insónia	37
Escrita	38
Sem pedir licença	39
Sem tempo e espaço	40
Guia constelar	41
Momentos	42

PARTE 2 — 43
Sonhos escritos — 44
Passeio pela montanha — 45
Bela — 46
Aldeia — 48
Ninho de cuco — 49
Minha vergonha — 50
Caminhar noturno — 51
Sozinho — 52
O meus caminhos — 53
Abrigo — 54
Amizade Longínqua — 55
Compreensão — 56
O mar — 57
Dança com o mar — 58
Odor da terra — 59
Multidão — 60
Amar a poesia — 61
Palavras — 62
Sonho de criança — 63
Sentido viver — 64
Nasceste — 65
É Natal — 66
Cravo — 67
Branco — 68
Os intocáveis — 69
Dias cinzentos — 70
Pobre alma abandonada — 72
O Filme — 73
Quem nos governa — 74
A minha sábia sugestão — 76
As pontes — 77
Mestre — 78

Amo a Ideia de Ti

Amo a ideia de ti

Na hora do chá
Este aroma quente que nos une
Junto com teu sorriso
Não te amo
Amo a ideia de ti

Na nossa hora
As conversas infindáveis
Sobre tudo e sobre nada
Não te amo
Amo a ideia de ti

Na hora do amor
O teu corpo sensual
Junto ao meu em harmonia
Não te amo
Amo a ideia de ti

Na hora do sonho
O instante das estrelas
Sonhos quebrados
Não te amo
Amo a ideia de ti

Esquecimento Divino

Os deuses
esqueceram-se de nós.
Com o frio de inverno
recolheram-se ao calor
da sua apatia.

Os amantes
já o não podem ser.
Todos os seus sentimentos
se perderam
nesta sonolência divina.

Só nos resta
acender a chama da lareira.
Com renovado alento,
as musas do amor serão acordadas
da sua invernação.

E a sua inspiração
chegará ao coração mais inóspito,
libertando a aura de amor
que nos perturba.

Recomeço

Vivo nestes dias uma rotina
que meu ser não atina.
Fica a minha mente
um pouco inconsistente.

Vem a noite com o sonho
e a um recomeço predisponho.
Acordo e sinto
tudo muito distinto.

Estas emoções ao alvorecer
saltam do meu ser.
É uma sensação
que chega do meu coração.

Um amor lá guardado
como só agora começado.

Rosas vermelhas com espinhos

A tua beleza transparente
como o suor que te sai pelos poros
está impregnada em mim
pelo ar cheio de esporos que respiro

Quando floresces como um sorriso
ofuscas a luz mais viva
As pétalas que expões
quando a isso te dispões são a única cor

O sol brilha à tua vontade
e existe porque exiges que te ilumine
As radiações da tua alegria
transformam o universo que me rodeia

E agora que o tempo passa
e nos ensina a reprimir este brilho
É uma ilusão da inocência
que nos conquista como na adolescência

O suor límpido que te sai pelo corpo
alimenta esta realidade
Rosas vermelhas com espinhos
que cortam suavemente a pele
e ateiam os esporos que me endereçaste
que florescem com prazer

Com este jardim a minha vida mudou
mesmo quando não sorris
pois sinto o teu sorriso permanentemente
no meu coração

Mundo virtual

Tão próximos
a uma distância infinita.

Despeço-me,
através deste mundo virtual
das mensagens.

Espero
que sintas, mesmo assim,
o meu coração a bater.

Senão,
olha para a nossa estrela
e fecha os olhos.

Ela cairá
como uma gota de chuva
para embeber o teu coração.

Luz

Quando os nossos corações
se encontraram.

Assim,
tão profundamente.

Iluminados pela estrela singular
que os uniu.

Perdurará até que a sua luz
se extinga.

Ilumina o meu caminho

Existe um sorriso
mais forte que mil sóis
que me ilumina a alma.

Em noites de luar,
ao olhares para esse astro
que nos segue ,
vejo o teu sorriso
refletido em mim.

E sempre que olhas
para o espelho da minha alma
verás esse sorriso de esperança.
É um reflexo do teu ser
na minha simples existência.

Agora,
que com estas palavras
consegui o teu sorriso,
volta a ler este poema
mil vezes,
para que mil sorrisos teus
iluminem o meu caminho.

Existem

Existem os dias
e as noites.
E existes tu, nos dias
e nas noites.

Existe este barco
e o teu sorriso.
Existe uma flor, nos dias
e nas noites.

Existe um barqueiro
que me traz uma flor,
e o teu sorriso.

E existe o amor, nos dias
e nas noites,
no teu sorriso.

Sonhos

Esta noite não dormi
Não porque os olhos não se fecharam
Não porque o corpo não descansou

Não dormi porque não sonhei
Para dormir preciso de sonhar
Para viver preciso de sonhar

Sonho que vou sonhar
Quero sonhar contigo
Sonho comigo
No mesmo sonho

Teu sorriso

Tenho o teu sorriso
Escrito no meu ser
Sem ser preciso
Mais nada para viver

Tenho o teu sorriso
Aqui bem presente
Sem o que não diviso
Nada na minha mente

Tenho o teu sorriso
Espalhado nos poemas
Sem ficar indeciso
São os meus lemas

Tenho o teu sorriso
Nos meus sonhos
Que sem nenhum aviso
Ficam sempre risonhos

Tenho o teu sorriso
Em toda a minha vida
Que sem ser conciso
É uma alegria incontida

Quero o teu sorriso
Aqui para mim
Sem que fico inciso
Sem o meu jardim

O que me dizes sem falar

Quando encontro
o teu olhar e ele penetra
nesta porta, aberta
pela sua doçura,
até à verdade
do meu ser, fico rendido
ao amor
que me chega
assim, simples.

Os mil raios
que emanam do teu sorriso
natural, com que esse olhar
me fixa suplicante
iluminando a chegada
desse amor, serenam
o vórtice interior
destas palavras.

Mas é a linguagem
do teu corpo, os pequenos
gestos inquietos, os movimentos
das mãos
que não controlas, o menear
da cabeça sem perder
o olhar, todas as agitações
do teu corpo
inconscientes, que completam
o que me dizes
sem falar.

Amo a Ideia de Ti

E eu…

O silêncio que fala
entre nós para nos dizer
o que não precisa
de ser dito.

Foi nesse momento
que nos cansamos
de esperar:

Pelo silêncio das flores
que não floriram.
Pelo cantar das aves
que não se viu.
Pelos dias de sol
que chegam sombrios.

E o silêncio do teu olhar
que me fala calado.

A minha alma silenciosa
que fala, fala…

E eu… que faço
o que for preciso.

Poema para ti

Existe um impulso
que me impele a pegar na pena,
comunicar passa a ser
tão natural e necessário.

Ouço a chuva a cantar
uma canção de amor,
assistida pela música do vento
ao agitar as folhas das árvores.

Parece uma tempestade,
como esse amor,
suave por vezes,
como um sussurro ao ouvido

O vento prolonga essa sensação
aveludada soando no ar,
a chuva é conduzida suavemente
por esta brisa impercetível.

É o prelúdio das notas cantadas
pelo vento forte que se segue,
em êxtase a chuva como que penetra
na seiva das árvores.

É este impulso, que me vem do coração,
que me exige este poema,
para ti, só para ti,
e para estares perto de mim.

Minha mente

Passeias na minha mente
constantemente.

Livre, a todos os seus
recantos assomas.

Visitas os meus sonhos
alegremente.

Para teu deleite meus
desejos transformas.

És a poesia do
meu ser.

Dispões da minha vida,
simplesmente.

Já não sei quem sou,
nem se sou.

Persistência

Surgiste
como uma tempestade de verão,
rápida e quente.
Atravessaste o âmago da minha alma
com essa força verdadeira.
Aqueceste meu ser
e gravaste em mim
a semente de uma nova realidade.

A tempestade passou,
o tempo passou,
a semente germinou.
Lentamente
cresce em mim
uma sensação persistente.

Barquinho de papel

Barquinhos de papel
navegando nas ondas do mar.
Levam poemas escritos
para que os possam apanhar.

Poemas falando de amor,
amor por ti,
amor pelo mar,
amor pela natureza.

Sentada na praia,
esperando pelo barquinho,
que te fala de amor.

Amor que te chegará
numa onda do mar num
barquinho de papel.

Conversa

Enquanto aguardo
pelo silêncio da tua voz
não sei o que te direi.

Não preciso saber,
as sinapses entre as palavras
já estão pré-definidas.

São falas
de que me esqueço,
mas que voltam quando falas.

E assim
a nossa conversa não tem fim.

Crisálida

Existem momentos
que valem toda uma existência.
Momentos de uma vida,
aos nossos olhos efêmera.

Da sua crisálida
a borboleta compreende
essa verdade
no seu máximo esplendor.

Vive, então, os momentos
da sua existência com as coisas mais belas.
Viaja de flor em flor, sem parar,
mostrando toda a sua grandeza.

A nossa mente
não nos dá espaço para esta vivência.
Precisamos de uma crisálida de amor
para a nossa libertação.

Quando acontece,
são momentos efêmeros,
que nos fazem sentir a voar
de flor em flor.

Então compreendemos
e desejamos renovar constantemente
a nossa forma de crisálida
para viver os momentos seguintes,
mesmo que efémeros.

E agradecemos
às crisálidas de amor
por estes momentos
únicos e transitórios.

Desejo estar a teu lado
somente na tua presença
me liberto
da minha crisálida.

Não esperes

Tu,
que não me deves nada
nem o amor
que me tens.

Não
me esperes nada
além do amor
que te tenho.

Desejo de ti

Longe de ti!
Uma sensação melancólica
mas saudável.

Uma lenta indolor
fogueira interior
que quer gritar.

Que grita
cá dentro
bem alto.

As suas chamas
são estas palavras
apontadas ao teu coração.

Palavras que não acabam,
são como a chama
das estrelas, infinita.

Alimentam-se
deste sentimento profundo
que cresce contigo.

Desejo de ti
alguns instantes
da nossa estrela.

Lágrima

Sem desculpa
a chuva que cai
nesta noite estrelada

Chovem do céu as estrelas
como diamantes
preciosos e dolosos

Porque lágrimas
trespassando o nosso corpo
dilacerando-o

Esperando aquela única lágrima
que nos corta o coração
e nos mitiga a dor

Sinos

O bálsamo dos meus dias
foi bebido de ti.

No sossego do meu silêncio,
as tuas palavras
surgem como o cantar dos pássaros
numa manhã de primavera.

Consigo distinguir
o teu timbre
no meio dos sons
de todos os instrumentos.

Fecho os olhos,
e os teus gestos
surgem distintos,
tal como quando os meus olhos
estão abertos e despertos.

Todas as palavras
te foram escritas nas nuvens,
e levadas pela brisa suave
que corre desde os dias
em que te conheci.

O teu corpo
está coberto de poemas escritos,
que fluíram ao ritmo
de um sentimento que nasceu
como um destino escrito na nossa estrela.

No sossego
do meu silêncio,
tenho mil sinos na cabeça
a falarem-me deste amor.

Não são mais
que a minha memória.
No entanto,
sinto a fragância do teu sorriso.

Polos opostos

O que desponta destas almas
que se mostram em harmonia.
Que razão existe
para esta atração planetária
de seres contraditoriamente diferentes.

Dois corações que vibram
a um mesmo ritmo próprio,
com seus desejos únicos
e singulares.

Almas diferentes que se amam,
com seu destino traçado,
como duas entidades evadindo-se
em caminhos opostos.

Almas movendo-se numa linha reta
para se encontrarem
do outro lado do universo,
onde uma estrela especial as ligará.

Sombra

Existe uma sombra no meu caminho.
Uma sombra que em dias de sol
me persegue em duplicado
e que em dias sem sombra
aparece ao meu lado.

Existe uma sombra no meu caminho.
Uma sombra que se deita
na cama vazia junto a mim
e que me acompanha no sono
como um sonho dentro do meu.

Existe uma sombra no meu caminho
Uma sombra que escurece minha luz
e me sombreia a alma.
Uma sombra inexistente
que vive na minha mente.

Espera

Uma melancolia persistente
Apodera-se da minha mente
A tua ausência sentida
É constantemente contida

É um tempo sem tempo
Tudo parou a meu contento
É um mundo indefinido
Onde tudo parece partido

Existe a meu lado
Um espaço guardado
É um lugar no coração
Esperando pela tua certeza

Sem ti na minha alma

Hoje ao acordar senti
Que já não estavas presente
E com isso descobri
Que já não faz sentido estar

Nos braços de outras
Não existe amor
São dias sem esperança
Sinto-me perdido

Tenho que inventar o amor
Para saciar meu coração
Escrevê-lo em poemas
Para rimar meus dias

As palavras não saem
Sem ti no meu pensamento
Os poemas ficam na pena
Sem ti na minha alma

Fim...

Agora que os impossíveis
tomaram conta das estrelas
e o céu ficou cinzento.

Agora que os deuses
se deixaram de importar
com as coisas terrenas
e o amor passou a ser inferior.

Agora que as aves
voam mais alto
e não lhes posso pedir
para te levarem as minhas palavras.

Escrevo os meus poemas:
Nas asas das borboletas efémeras
para que só tu
leias a minha alma.

Na água do rio
que corre veloz
para que só tu
decifres meu coração.

Nas gotas da chuva
que caem aleatórias
para que só tu
me encontres.

Nas estrelas
para que todas as noites
vejas a luz de um amor
que se dissipou no éter eterno.

Dor maior

Dor maior
é não poder dirigir
a minha alma à tua,
os meus lábios aos teus.

Não poder gritar,
palavra a palavra,
sílaba a sílaba,
letra a letra, o meu amor.

Fica escondido
nas nuvens que cobrem
estes dias cinzentos de outono.

Esta chuva que cai
são as minhas palavras
transformadas em lágrimas
para dizer o que me vai no coração.

O impossível

Senti-te
como só é possível sentir
o sangue
a correr nas nossas veias.

Senti-te
como só é possível sentir
o fluir das ideias
na nossa mente.

Senti-te
dentro de mim
como só é possível sentir
o nosso coração.

Senti o teu corpo
como só é possível sentir
quando se faz amor
e se ama assim.

Senti a tua alma
como sendo a minha.

Já não sei o que sinto!

Inocência

A água do rio
correu ligeira
nestes rápidos da vida.

Apanhei uns salpicos
dessa água pura
e bondosa.

Bebi-os
com a mais pura
das inocências.

A sua transparência
mostrou-me a pureza
de uma alma única.

A represa de folhas
que construí
não foi suficiente para conter
esta água acidulada
que corria impetuosa.

Estou sentado
nesta praia de areia branca
olhando as ondas
que me chegam
ao ritmo do meu coração.

Mais tempo

Sinto que perdi
alguma coisa importante
com a tempestade do dia anterior

Olho à minha volta
e para o meu corpo
e não descortino a minha perda

Mas é um sentimento forte
que me faz sentir fraco

Sinto que é um sonho
que me foge por entre os dedos

Escrevo para o manter mais tempo
Junto do meu coração

Sentir

Se não sinto
não existo
e não vivo

Sem sentir
não se vive,
nem se sente

Nem sei
como sentindo
não vivo

Pois sinto,
e sinto que não vivo

Crisálida fechada

Fiquei com a sensação
que a crisálida
ficará fechada para sempre.

Sendo uma sensação
poderá não ser real,
mas o que sinto é a minha realidade.

Não consigo
parar de pensar
neste meu estado interior.

Estar no interior desta crisálida
e não poder dar asas
à borboleta que poderia ser.

Desejar
esses momentos efémeros de crisálida.
São somente as minhas sensações.
Serão reais!

Desejar dar asas
à minha liberdade,
onde o sentimento cruze a realidade.

Neste momento
as nossas vidas são paralelas.
Está é a clara realidade.

O ser feminino!

Os brincos nas orelhas
movendo-se a um ritmo feminino.
O cabelo
expandindo-se pelo pescoço esguio.
As roupas
descendo pelo corpo sensual.

Os seios! Olho sempre para os seios.
Atraem-me com ímanes!
Consigo imaginá-los macios.
Apetece-me acariciá-los, beijá-los.
Eles pedem isso.
Vê-los a moverem-se com as minhas carícias.

As ancas, dentro das calças justas
e a blusa quase transparente.
A sua forma sensual. As pernas
são o complemento para o meu desejo.

Beijar os lábios,
que se mostram disponíveis.
Desejar que suas mãos me toquem,
onde queiram.

Despir a roupa do seu corpo,
lentamente:
os sapatos, as calças,
desapertar
cuidadosamente a blusa.

Apertar os seios.
Beijar os lábios, profunda e demoradamente,
até que fiquem desejosos do meu corpo.

Esperar,
vê-la sofrer por esse desejo.

Encontrar um ritmo próprio.
O ritmo do amor.

Castelos na areia

Dia de verão,
na maré baixa.
A praia estende-se
até ao mar.
Castelo de areia
erguido para lhe agradar.

As ondas, que se alongam
com preguiça pela praia,
passam suavemente.
Água do mar
que chega delicada,
com amor.
Do castelo
só uma sua ideia fica.

A água do mar
e a areia da praia
veneram-se,
desta forma simples, plana,
sem castelos.

Insónia

Queria enviar-te um beijo ardente
com o tamanho indefinido
do sentir feito dos momentos
que estão no meu coração.

Quando a minha alma
atravessa essa dimensão indefinível,
os meus dedos obrigam-se
a manipular as palavras para mostrar
o que normalmente está oculto.

E quando isso acontece,
não consigo parar,
sou controlado pela força
desse espaço que não domino.

Sinto que vou ficar
toda a noite a escrever,
estes sentires silenciosos
que surgem
como uma tempestade sem fim.

Escrita

Escrevo-te
Para que penses
em mim

Escrevo-te
Para que saibas que
penso em ti

Escrevo-te
Para que sintas o que
sinto por ti

Escrevo-te
Para te falar
de amor

Escrevo-te
Para te mostrar
minha alma

Escrevo-te
Porque te amo

Sem pedir licença

Quando o meu olhar
Encontra o teu sorriso,
todo o meu ser se deixa
penetrar pela sua luz.

É assim que entras em mim,
sempre que queres…
sem pedir licença.

Sem tempo e espaço

Meu amor
é um mar de águas intempestivas
num espaço sideral de ternura.

Amo-te
sem tempo e neste espaço.

Guia constelar

Doces momentos
com as folhas coloridas de outono
no horizonte.

O enleio dos sentidos
escutando as ondas do mar
que fustigam suavemente a praia.

E por entre todas as realidades perfeitas,
o teu sorriso,
entrando ténue e profundamente
na minha alma.

O tempo,
inexistente quando estás ausente,
parado quando estás presente.

É um sonho da realidade inalcançável,
tão perto como o espaço
à nossa cintilante guia constelar.

Momentos

Não vou repetir
outra vez que te amo.
Mas dizer que te amo
é uma palavra que me sai
por todos os poros
e se manifesta
a todo o momento.
Dizer que te amo
transpira por todas as
minhas palavras.

Não vou falar
que te quero sempre presente.
Pois pressentes
isso muito bem.
Sei que sentes o que sinto
e que sabes o que sei.

O que te quero dizer:
Usa o tempo destas palavras
para esvaziar a tua mente
e deixá-la ser tomada
pelo coração.

A Minha Sentida Miopia

Sonhos escritos

Comecei a sonhar com os livros!
Sonhos escritos,
construídos nos pensamentos
de outros sonhadores.

Os livros, muitas vezes esquecidos,
fazem parte da minha alma.
No silêncio da leitura,
outros mundos se avistam.

Prolongo o sonho com os livros.
Fantasias escritas e, muitas, vividas.
Desejos expressos,
inspiração de vidas futuras.

Quando escrevo, quando vivo,
e quando sonho,
os livros e as palavras,
sempre presentes.

Passeio pela montanha

Voar por entre as árvores e as pedras belas
O verde por horizonte e o azul do céu a inspiração
Subir e subir olhando o chão
Fechar os olhos e chegar às nuvens

Saltar sobre os calhaus colocados no caminho
Atravessar as árvores tendo o rio como destino
A transparência da água como recompensa
Água que corre com desatino e sem fado

Subir a montanha perdida no céu
Com suas rochas moldadas pelo tempo
Parecem palavras escritas com sua mensagem
Palavras esculpidas pela chuva e moldadas pelo vento

Em cada esquina desponta uma surpresa
Uma floresta de carvalhos coloridos
Uma pedra sob a água que corre ligeira
Uma paisagem a perder de vista, onde nos deixámos

Estas palavras não bastam para tão forte sensação
Poesia que fica escrita nas nossas almas
Escrita pela beleza do que se vê e sente
Não pela pena do poeta que é apenas seu servo

Bela

Embrenho-me em ti
e ofereces-me
uma beleza eterna

Colocas-me nas mãos
o teu interior
surpreendente

O verde único
que sobressai
quando te vejo ao longe

Uma variedade
de tons
quando me deixas aproximar

São os teus olhos
únicos
e transparentes

Como a água límpida
que corre na tua face
quando choras

Lágrimas que se juntam
para formar
rios de água fria

Aparentemente sem destino
são quedas de água
perfeitas

Corre esta água transparente
contornando as formas
do teu corpo

Alimentando
muitas almas
sedentas como a minha

A Minha Sentida Miopia

As tuas linhas
aparecem nuas
aos meus olhos

Ficas ruiva no outono
com teus fios cromatizados
caindo

Mas hoje
vestiste-te
de branco

Parece
que as nuvens
desceram sobre ti

A beleza
que procuras esconder
aparece em cada pedaço teu

Esta roupa branca
cobre-te como uma camada
esplendorosa

Chegará o tempo
em que o sol brilhará
novamente

Ficarás liberta
do teu fato branco
para uma nova viagem

Para ti
Serra Bela

Aldeia

A emoção nesta manhã clara
Uma alva luz que mostra a tua aura
E essa alma escondida pela distância
Sempre diferente

Existe um estímulo que nos aproxima
É o desejo do desconhecido
Que mostras agora que te toco
Pareces-me diferente

Nasceste nesta encosta solitária
Dás-te ao vento que com zelo te dá o nome
Paredes de pedra erguidas na ladeira
Porque diferente

A quem dás guarida não se vê
Seres solitários, o não são
A tua alma os acompanha
Aldeia diferente

Ninho de cuco

O cuco que canta para
espantar sua preguiça.

É sua vida, cantar e encantar,
parasitar é a sua essência.

Sem trabalho não há ninho!
Outros pássaros que se resguardem
desse canto que é falso.

Trabalho honesto…
Vive dos amigos encantados,
outros pássaros como ele.

Que não se iluda!
Será vítima dessa sedução.

O ninho de cuco não existe!
Arquiteto do existente.
Rodeado de iguais…
Esse lugar não lhe pertence.

Minha vergonha

Após a minha vergonha,
sei que voltaste para me perdoar.
Não mereço tal distinção!
O mal que fiz
está para além de qualquer compreensão.
A tua magnificência enobrece-te.

Eu que tudo fiz para cumprir...
Falhei!
Não consegui deixar de produzir.
O meu trabalho
ofusca a tua magnífica atividade.

Tu que poliste amizades,
mereces mais respeito
pelo teu valoroso empenho.
A arte de dileção que aprimorastes
é de louvar.

Agora que voltaste para me perdoar.
Cedo à força do teu engenho.
Agradeço o teu perdão
E respondo-te, novamente,
com o meu labor.
Esperando de novo redenção.
Sabendo que não merecerei absolvição!

Caminhar noturno

No meu caminhar noturno
por veredas nunca antes trilhadas
parece-me não estar sozinho.

Sinto uma sombra que me resguarda
e me segue ao ritmo
dos meus passos.

Somente quando fecho os olhos
me é permitido ver
quem me acompanha.

É um sonho
que a realidade me esconde.

Viver esse sonho
por estes breves momentos
é o meu único viver.

Sozinho

Estou sozinho,
comigo próprio,
a escrever estas palavras.

É nestes momentos
de aparente solidão,
quando não estou com pessoas
junto a mim,
apesar das pessoas que estão longe
estarem comigo,
que começo a pensar nesta ideia.

Eu só sou eu
com as pessoas
que por momentos estão perto,
outros estão longe,
mas sempre estão comigo.

O meus caminhos

Os caminhos
percorridos por outros caminhantes
não são os caminhos
da minha caminhada.
Na encruzilhada
da escolha de um caminho
escolherei
aquele menos percorrido.

O risco de desbravar
o desconhecido.
Poderão dizer que isso será perigoso.
Pois, fiquem com essa ideia.
Eu direi
que esse é o meu agrado.

É claro que se poderá pensar
se valerá a pena.
Direi que umas vezes
vai parecer que sim
e outras vezes
parecerá que não.

Mais uma vez direi
que o que conta não é só o destino,
mas a descoberta
do caminho para lá chegar.

O meu caminho
sendo um encontro comigo próprio
é um caminho tortuoso.

Eu sigo
o meu caminho sinuoso
para ser eu
e porque sou eu.

Abrigo

O meu refúgio
é um lugar muito pequeno.

Ocupado por mim
e o meu pensamento.

Até que os meus dedos
movem suavemente a pena
para moldar estas palavras.

Durante estes instantes,
que componho a minha alma,
o meu mundo é o universo.

Preciso da poesia
para chegar
aos lugares inacessíveis.

No final
volto para o meu abrigo.

Amizade Longínqua

Um encanto sem canto
que nos chega quente
nestes dias esfriados
de quase tropical inverno.

Uma entrega perfeita
que nos aparece calma
como o tamanho do mar
que nos separa.

Uma amizade genuína
que nos é dada livre e doce
como cálido
é o país que nos acolhe.

Um nada de tudo
que sentimos que é tudo
e sentidos gratulámos
com sentida liberdade.

Compreensão

Compreendi agora
o que os teus olhos veem.
Vejo o mar
nos teus olhos castanhos.
Vejo um amor imenso
que me abarca sem me ofuscar.

Compreendi agora
o que os teus gestos fazem.
Sinto uma brisa terna
na minha face quando te moves.
Sinto os teus braços à minha volta
mesmo quando não estás presente.

Compreendi agora
o que as tuas palavras dizem.
Sons que falam da vida e do amor.
Sons fortes que me chegam suaves.
Palavras escritas na minha mente,
simplesmente.

O mar

O mar
na sua grandeza infindável!
Eleva o espírito…
Esvazia o pensamento.
Enche a alma de nada e
quase tudo.

O mar
no seu azul sem fim.
Penso em tudo mas nada fica,
quando olho o mar.
É um sonho sem registo.
Lava-me a alma.

Dança com o mar

De novo o mar!
O vento
a passar sobre as ondas
transportando a maresia no ar.

Oh, que bálsamo delicado,
cheira a algas no ar.
Parece que a natureza
quer mostrar
o seu interior.

Podemos imaginar
que estamos dentro do mar.
Os peixes dançam
uma valsa
ao sabor das ondas
que não custa idealizar.

Os gritos estridentes
das gaivotas
em sintonia com esta dança
para nos encantar.

Minha alma dança
com o mar.

Odor da terra

O odor da terra.

Lágrimas de chuva
em terra seca.

Odor único
que te pertence.

Ah... Como gosto
destes dias.

Lágrimas de chuva
em terra enxuta.

Fragrância
de pó e água.

Aroma que exala
do teu corpo.

Singular deleite
dos sentidos.

Multidão

Caminhos cruzados
de uma multidão perdida.

Tal como as andorinhas
na sua azáfama vivida.

Movimentos suaves
perscrutando o horizonte.

Outros velozes
como do último se tratasse.

Caminhos cruzados
sem fim.

Manchas negras
sem movimentos definidos.

Caos com ordem,
perseguindo seus caminhos.

Destinos encontrados
e com bulício assinalados.

Amar a poesia

A poesia não é só
a beleza das palavras.
Mas também poderá ser...

A poesia não é só
a beleza da mensagem.
Mas também poderá ser...

A poesia não é só
falar sobre amor.
Mas também poderá ser...

A poesia não é só
a beleza da vida.
Mas precisas amá-la.

Palavras

Sem o viver
só me resta o escrever

Palavras necessárias
para existir

Uma abstração
do que me corre na alma

Cada letra
deste alfabeto é uma célula diferente
do meu sangue

Estas letras
demudadas em palavras
narram o que perpassa o coração

É tão simples
colocá-las pela ordem certa
para exprimir
a mais profunda sensação

O resultado é o meu viver
da poesia viva
que me advém da alma

Sonho de criança

Nos dias em que tudo
estava à minha frente.

E com os olhos de criança
tudo era diferente.

O mundo…
Engolido pelos sonhos.

A lua estava ali
e marte ao lado.

A terra, uma esfera
em cima da mesa.

Poder saber tudo
uma certeza.

Ingenuidade genuína,
um mar de esperança.

Sonho que ainda sou
uma criança.

Sentido viver

O sentido da vida
é um mistério,
de realidades intangíveis,
que marca o nosso existir.

Julgamos entender
e procuramos exasperadamente
atingir o alvo supremo
desta nossa existência.

Um dia,
distraidamente, inocentemente,
a nossa vida transmuta-se
sem atentarmos.

É como uma insignificância
que lenta e persistentemente
nos entra através
de todos os sentidos.

Nesse dia
a nossa vida será diferente
e saberemos para sempre
o que fará sentido viver.

Nasceste

Desde que nasceste
o meu silêncio é diferente
é um silêncio onde falas
à minha alma
agora perdida
da solidão

Procuro em ti
semelhanças minhas
E vejo-as
os gestos que imitas
o sorriso que encanta
os sons que emites

Pensava ensinar-te
o meu entendimento
Mas quando nasceste
ensinaste-me tu
o que nunca saberia

Este amor que sinto por ti

É Natal

A azáfama forçada
de um dia que desejamos especial

Natal é um espírito peculiar
que nos domina

A conceção individual
de pensarmos esta quadra
revela
esse verdadeiro espírito

Temos uma missão
com um sorriso
de adquirir tudo

É uma lembrança
com a duração efémera desse dia

Encham os espaços comerciais
é Natal

Mil e um brinquedos
para cada criança

Sejam felizes e
rasguem desenfreadamente
esses embrulhos coloridos
com esperança
de encontrar o caminho
do bem-estar momentâneo

Cravo

Cravo é o teu destino, fazem crer
Cravo vermelho ou doutra cor
Pode ser uma qualquer flor
Liberdade de escolher
Poderás ser cravo sem pudor
Ninguém é teu dono nem tem de ser
És bela como uma flor
Mas tua essência é ser pássaro
Poderás assim voar com furor
E ser livre sem reparo
És de abril, maio e junho
És livre de o ser
És livre, livre, livre
És livre de o querer ser
Existe a liberdade de te usar
Mas não se pode desperdiçar
Não és dádiva ilimitada
Tens de ser conquistada
Uma conquista pessoal
Vales por ti própria como tal
Não nasceste fugidia
Existes na alma geral
Estavas escondida não és vadia
Aparecem teus amos
Reclamando por ti nesse dia
És de todos e todos amas
Todos os dias são tua via
Deixem-te livre para voar
E voaremos com alegria
Para que te possamos amar

Branco

Liberdade para expulsar
as almas vis que criam fome
Unidos com liberdade
para afastar esta tirania

A cor agora é o branco
a beleza de uma branca flor
um cravo com uma única cor
um pássaro branco
A bandeira da liberdade

A cor não é o laranja, o rosa,
o azul, o vermelho ou o preto
A cor é o branco
Liberdade de escolher
o branco como bandeira

Afastar os vilões sem temor
A força está numa cor
Que fiquem em paz
Com o pássaro que branco é

Os intocáveis

Desfilando
com seus gorros coloridos

Que dão cor
às suas vestes pretas

Do alto
do seu assento

Parados no tempo
da senhora nossa

E com a sabedoria
da coruja antiga

Não notam
que o mundo mudou

Não sabem que o papa
já não é o mesmo homem

Eles são santos e castos

E se vestidos de capa branca
pelo Vaticano e Fátima
podem desfilar sem destoar

Dias cinzentos

Hoje o dia
acordou cinzento!

Os jornais e telejornais
já nos disseram:
temos que viver como no norte.

Então não sabem
que esta é uma Europa da partilha?

Se queremos
dinheiro e direitos,
só nos resta perder o sol.

O sol deste país
vai emigrar.

Seguirá os pássaros
para sul, no início deste outono,
e não vai voltar.

Mas não teremos problemas,
faremos férias nas caraíbas
seguindo pelas múltiplas autoestradas.

Sinto que esta alma
do fado com saudade
iluminará
esta terra habituada ao sol.

E o sol
deixará de ser importante.

Transformaremos estádios em arenas
onde se digladiarão
até à morte
estas ideias fratricidas.

Amanhã
será um dia de sol,
pois a nossa alma
está para além dos movimentos planetários.

Esta alma é mais forte
que os salteadores
que nos corroem a esperança.

Pobre alma abandonada

Que sonhos guardaste
no fundo da tua memória

Que vida perdida
construíste à volta
da lembrança desses sonhos

Que sonhos desaproveitaste
nos anos que passaram por ti
sem atentares

Agora que ser pobre
é condição
poderás rezar para ser santo

Se acreditas podes orar
para que nos amputem
dos pobres de espírito que roubaram

Não adianta,
as sua riquezas acumuladas
podem comprar as orações clericais

Só te resta
a tua pobre alma abandonada

O Filme

O novo sucesso
da cinematografia Europeia.
O argumento é desarmante.
Fizeram-se convidados
os mais ineptos argumentistas.

Todos abençoados por São Bento.
De Belém chega o menino
para dirigir a trama.
Na assembleia, toda a equipa está a postos.
O local das filmagens foi escolhido:
os exteriores serão no deserto
e as interiores no Campo Pequeno.

O beneplácito da comissão
foi assegurado
com as moedas internacionais.

E os atores?
Faltam os atores!
Os Gregos viram-se Gregos...

Pedem ao povo!
Que lhes faz um gesto popular.
Não estamos à altura das exigências
de um filme de má qualidade.

Quem nos governa

Não nos sabemos
governar!

Sábia sentença
de um general Romano
que não nos conseguia dominar.

É notório
que dizemos isso com orgulho.

Precisamos
de uma sensata sabedoria
para tão árdua tarefa

Governar-nos
é um talento
executado em gume afiado.

Abusámos desse engenho
que nos brota da alma

Improvisámos
governantes espertos.

São saloios
que precisam de se afirmar.

Seria o caos
se assim não fosse.

Precisámos de nos sentir
roubados.

Imaginem
pessoas cultas e sérias
no nosso paço.

A identidade de um povo
desperdiçada
para sempre!

Seria a "Atlântida Perdida"
da Lusofonia.

A minha sábia sugestão

Como bom cidadão
fui ao Terreiro do Paço
dar a minha sugestão.

Como última medida
de toda a governação:
Arrestar as modestas habitações
dos políticos no Algarve.

Está encontrada a fórmula mágica.
Reformados alemães como vizinhos
a ensinar-nos como poupar.

Poder-se-á pensar que isto é roubar!
Mas pelas leis do povo...
Estaríamos perdoados para todo o sempre.

As pontes

Tenho um fascínio patológico pelas pontes
É um bom lugar para um suicídio
Já aconteceu com um governo

As pontes são lugares poéticos e românticos
Sob as pontes corre água manchada
que nasceu pura numa montanha

A sua travessia é uma incógnita deslumbrante
Num momento estamos do lado que conhecemos
Depois o enlevo pelo desconhecido do outro lado

Mas que adianta assim, atravessar uma ponte
para ficar no mesmo país

As pontes nas notas de euro
são mais verdadeiras
São pontes de solidariedade desconhecida

Mestre

Mestre, distinto Mestre
Precisamos que voltes como um vendaval
Como uma tempestade que nos faça temer pela vida
Uma chuva diluvial que limpe nossa alma
Um vento lesto que leve para longe nossos vícios

Mestre, querido Mestre
Queríamos acordar esperançados numa nova vida
Que o sol que nos alegra se junte à força do mar
Uma nova alma para o nosso corpo
Um começo sem as quimeras do passado

Mestre, amado Mestre
Agora que repousas morto aqui no chão
Que esperança nos sobrevive
Pedimos-te que leves contigo os desacertos
Deixa o nosso espírito de criança dominar

ACERCA DO AUTOR

João Raphäel nasceu em Barcelos em Agosto de 1964, tendo-se licenciado na Escola de Engenharia Universidade do Minho em 1991. Desde esse ano é docente do Departamento de Engenharia de Polímeros dessa mesma Universidade, onde fez o Doutoramento em Fevereiro de 2000. Atualmente é Professor auxiliar em Processamento de Polímeros na Universidade do Minho em Guimarães.
Só muito recentemente se dedicou à escrita de ficção e poesia. Alguns dos seus textos literários poderão ser lidos numa página criada para o efeito (https://www.facebook.com/pages/Minhas-Palavras/219678094842088).

João Raphaël

www.ingramcontent.com/pod-product-compliance
Lightning Source LLC
Chambersburg PA
CBHW032208040426
42449CB00005B/492